Jorge Morales-Franceschi

VEINTICINCO POEMAS DE AMOR

Jorge Morales-Franceschi'

Jorge Morales-Franceschi

Índice

Prologo

Si en una mañana despertara, y todos mis recuerdos se hubieran esfumado, a tal punto que ni siquiera recordar mi nombre pudiese, preferiría morir, que vivir una vida donde no fuese yo capaz de recordar ese brillo en tu mirada, tus caricias discretas o tus besos, cual amor producto de un hechizo de noche de brujas...

Si llegase el día, en que no pudiera yo recordar; las tardes de júbilo a tu lado, las noches de largas conversaciones, aun cuando fueron más bien monólogos, aquella primera noche juntos, caminando tomados de la mano hacia la estación, o la otra noche de nuestra segunda cita, bajo la lluvia, donde bromeaba sobre contarle esa anécdota a nuestros hijos, aquellos hijos que nunca tuvimos; pues si la vida me castiga con la desdicha de olvidarte, de hacer borrón y cuenta nueva, mas no por voluntad propia, pero con la certeza quizás, de que en lo mas profundo de mi corazón, si tus ojos volviera yo a ver, o tus labios volviera a

besar, despertaría en mí el más inve-
rosímil fulgor, de recordarte tal como
fuiste, por cuanto la fuerza de mi
amor siempre ha sido y será, invencible ante cualquier adversidad, y
aun si mi corazón dejase de latir, al
menos sabré que en el ocaso de mi
vida, que siempre fuiste tú la ele-
gida, y que mi corazón fue siempre
tuyo, y que si hoy deja de latir, es
porque finalmente entendió, que el
punto final a nuestra historia ha lle-
gado.

Jorge Morales-Franceschi

Amar de verdad, es un acto de rebel-
día. Dedicar un poema a alguien que
no siente absolutamente nada por ti,
es un acto de estupidez...

Jorge Morales-Franceschi

Poema I

En medio de la soledad

que supone tu ausencia,

Guardo en mi mente y

corazón los recuerdos, de aquellos

días

Tan felices, donde conversábamos

por largas horas, y los temas nunca

acababan. Y al día siguiente, seguir

la conversación,

Como si no hubiese un mañana,

Hasta que llego el día, en que no

hubo mañana,

Y fue entonces que me di cuenta, del

gran error que había cometido,

Que ya no sería lo mismo, y lloré.

Me culpé a mí mismo, pues aun que-
riéndote como te quiero, te fallé.

Y me arrepiento hoy de eso, y no

queda más que aceptar las cosas

como son,

Y luchar, porque algún día, así sea

en otra vida, pueda volver a tener,

Aquellas noches de conversación,

tan lejos, pero a la vez tan cerca, y

poder finalmente abrazarte, y darte

todo mi amor.

Poema II

Al acostarme por las no-ches, pienso en ti,

Sueño contigo durante esas mismas noches,

Y al despertarme en las mañanas, pienso en ti.

En mi mente, los recuerdos, de toda la magia

Que vivimos juntos,

Y no quisiera yo devolver el tiempo y evitar lo que hice,

Lo que quisiera es congelar el tiempo,

Y que aquella primera noche que

conversamos,

Comiendo pizza y riendo, jamás se

acabará,

Porque precisamente esa noche,

Me di cuenta de que no solo me gus-

tabas,

Sino que me estaba enamorando de

ti,

Loca y perdidamente, cual adoles-

cente sin control,

Y hoy guardo nuestra foto, como mi

tesoro más preciado,

Y con la esperanza, de algún día es-

tar a tu lado, tomar tu mano, y de-

cirte que te amo...

Poema III

Veinticuatro horas sin ti

en este mundo sombrío,

se sienten como veinti-

cuatro mil años en mi mundo,

Cual mundo que alguna vez fue lú-

gubre, pero que tu llenaste de luz,

Y lo volviste mágico y especial,

Que ni el tiempo ni la distancia,

Pueden borrar los recuerdos lindos a

tu lado,

Y que solo imagino tu rostro, y

siento ganas de correr y abrazarte,

De decirte que me gustas tanto, y

que te quiero,

Que esta distancia entre los dos, es

como un infierno en la tierra,

Donde pese a la brisa que mueve las

ramas de los árboles afuera,

Siento que me quemo por dentro, y

que me falta el aire al respirar,

Ese aire que me llegaba, cada vez

que revisaba el celular y veía un

mensaje tuyo,

En cada nota de voz, en cada texto

que me escribías,

Por muy superfluo o quizás inverosí-

mil que algunos podrían pensar que

fuese,

Para mi tenía todo el sentido del

mundo.

Poema IV

Y la felicidad se apodera de este ser,

Al despertar en la mañana, y la primera cosa que escucho,

Es una nota de voz tuya, que mi corazón se acelera,

Me saca una sonrisa, me llena de emoción,

Me motiva, a ser mejor persona de lo que antes fui,

Y un hormigueo en el estómago, y mis manos tiemblan de la emoción,

En mis sueños siempre presente, y

en mis pensamientos,

Me imagino que estas cerca, y que

por fin puedo abrazarte,

Qué me dices al oído, que me quie-

res tanto como yo a ti,

Que me escribiste un poema, mejor

que los de Neruda o Benedetti.

Y que lo que nos faltara es tiempo y

vida, para llegar a amarnos,

Con esa fuerza e intensidad, con la

que solo tú sabes amar,

Y por fin beber de ese elixir, cual

dulce y mágico, que supone un beso

tuyo.

Al verte pasar, tu aroma me delita, y tu mirada coqueta, cual solo me queda imaginarme, tu mano rozar la mí, sin que nadie vea. Y al no poder verte, solo puedo imaginar, las horas que han pasado, desde la última vez que estuve contigo, aun cuando fueron tan solo minutos.

El temor al olvido, a la monotonía que supone, el estar lejos de ti, llena de miedo todo mi ser, y no se hacer otra cosa más que extrañarte en tu ausencia.

Cada vez que te vas, o cada vez que no escribes, mi pobre corazón se acelera, y ruego porque me lleves contigo, tan cerca de tu piel, y que nunca nos separemos, solo eso pediré. Y si estar contigo ha de ser mi condena, ruego porque tiren la llave al fondo del mar muerto, pues estar preso a tu lado, para mí solo es comparable a pasar, toda una eternidad en el Edén, bebiendo del manantial de tus besos, escuchado el dulce canto de tu voz, abrazado a ti...pedirle más a la vida que eso, seria avaricia de mi parte.

Poema V

A punto de caer de un pre-

cipicio, así me siento yo

sin ti,

Que solo tú sabes animarme, en mis

días difíciles,

Y solo tú sabes traer luz a mis días

grises,

Y que no hay nada más que quisiera,

Que cinco minutos en tu mundo,

Y ser feliz, como solo tú sabes serlo,

Y aunque sé que no soy digno de él,

por los pecados que he cometido,

No pierdo la esperanza, encontrar al-

gún tipo de expiación,

de si no es en esta vida, en otra

Poder entrar en él, y amarte tanto

como sé que podría hacerlo,

Con ímpetu y dedicación, llenarte
toda

Y que tu alma y la mía fueren una
sola,

Y juntos fundirnos en el más tierno

abrazo, al encontrarte por fin

Que ni la envidia ni los malos deseos

de los demás, pudiesen separarnos,

Que ni el final de los tiempos, pudiesen matar lo que siento,

Y poder finalmente tocar tu corazón,

y escuchar de tus labios,

Aunque fuese un simple "me gustas".

Al amanecer, me levanto con la emoción de saber que podré verte. Miro a través de los vitrales, desde un sexto piso; pensando en todo lo que me faltó decirte, en las cosas que no hice, en el tiempo que se fue. Pues cada noche sin ti, es tiempo que perdí, un te quiero que no dije, un abrazo que no di.

Que quisiera que los días fuesen de más de veinticuatro horas, y que en la noche no tuviésemos que separarnos, amanecer contigo el mejor de los placeres, pues un par de horas no me bastan, para saciar mis

ansias de llenarte toda.

———————————————————————————

Poema VI

Un lunes de mayo, de hace ya algunos lustros, tuvo a bien Dios regalarme uno de sus ángeles, que con su dulzura y espontaneidad, ha llenado mi vida de tal regocijo, por eso ahora el sexto día, está marcado como efeméride en mi calendario, más que cualquier otra, y ante la falta de algo siquiera comparable a tu amor, mi corazón te obsequio, junto a mi carta de amor, y una fotografía, las cuales son mi más grande tesoro, dignos de una reina como tú.

Cuando estés triste o te sientas sola, búscame, aun si los años han pasado, siempre estaré, tan a lado tuyo como el primer día, de aquel mes de octubre en que te conocí, tal como aquellas tardes, en que intercambiamos miradas, en que poco a poco mi amor se fue gestando, y aunque no supiera yo darte aquellos que buscabas, fueron tantos los momentos de júbilo a tu lado, que aun en medio de la tristeza, de una Navidad sin escuchar tu voz, al menos tuve paz, de solo saber que estabas bien, pues aunque te estuve añorando, y aun cuando hinqué mis rodillas y a Dios le pedí: que me hiciera el milagro de

poder quedarme contigo, tuve tanto

la entereza como la gallardía, de

aceptar mi derrota, y que así como

tan fuerte era mi fe, también lo era

todo aquello que nos separó, sin em-

bargo, no sería yo más que un vil

tartufo, si hoy negara que cada tarde

que rezo, pido por un último beso de

tus labios, antes de yo partir de este

mundo.

Poema VII

Despierto en medio de la madrugada, imagino tu rostro,

Y solo siento ganas de correr, correr hasta decir no más,

Y llegar a ti,

Se que has sufrido tanto, y se me achurra el corazón,

De tan solo pensar que has llorado,

Por eso muero por abrazarte, por llenarte de abrazos,

Por eso hoy soy mejor persona de lo que alguna vez fui,

Porque quiero ser mejor para ti, para

ser digno de tu amor,

Para ser digno de hacerte feliz, y que

jamás vuelvas a estar triste,

En mi solo hay amor para darte, y

una sonrisa regalarte,

Un poema dedicarte, enamorarte es

como un arte,

Y una sorpresa brindarte, que quizás

nunca esperaste,

Pero que llego para quedarse,

Y esa sorpresa, es lo que siento por

ti, que cada día es más grande,

Tan intenso como el invierno en Ru-

sia,

Y a la vez tan cálido como un verano

en Bonaire,

Siempre pensado en ti, este tu nuevo

enamorado.

Poema VIII

En mis mañanas de invierno, en mis tardes de otoño,

Y en mis noches de verano, siempre

es primavera,

Con flores frescas, arboles imponen-

tes, y un arcoíris en el parque,

cada vez que al sonreír te veo,

Y no puedo evitarlo, sonreír yo al

verte,

Y en mis ojos un brillo, ni compara-

ble con estrellas en cielo,

Ni con luciérnagas en la noche, ni

tan bonitos como los tuyos,

Es el brillo del amor, que pasa a tra-

vés de mis ojos,

Solo cuando te miro, y que cada

cosa tuya,

Sea virtud o defecto, la veo como

algo increíble,

Porque cuando se quiere de verdad,

nada es importante,

Todos los problemas parecen nimie-

dades,

Y el amor siempre vence.

Al tomar tu mano, mi corazón se

acelera,

Como a mil por hora, y siento que

soy invencible,

Que todo lo puedo, y, sobre todo,

que puedo ser mejor,

Y que, a tu lado, la luz invade mi

ser,

Que finalmente encontré, a la que

me hizo entender,

Que el amor es mas allá de palabras,

más allá de poemas o regalos costo-

sos,

Que el amor, puede ser diferente, y

especial,

Cada vez que estas tu conmigo,

amor de mi vida.

Cuéntame tus triunfos, cuéntame

tus penas, cuéntame tus alegrías,

cuéntame tus tristezas. Cuéntame todo de ti, y nunca pares, pues tu silencio me lastima. Al escribirte y no recibir respuesta, es como cianuro en mi garganta. La rabia e impotencia se apoderan de mí, al ver pasar las horas y los días, y no saber de ti; si comiste o dormiste bien, si tienes algún problema que te aflige. En mí siempre encontrarás, al más fiel de los aliados, el más ferviente enamorado, que aun en la distancia, se preocupa por ti, y que aspira ser ese apoyo incondicional, ese que celebre contigo tus triunfos, y que este allí para darte alientos en tus fracasos, que nunca te dejará sola, con el cual siempre podrás confiar. Y si algún día yo llegase a faltar, ten la plena certeza, que desde el cielo te cuidaré, manteniendo firme la llama de nuestro amor, abrigando siempre la esperanza, de volvernos un día a encontrar, para seguir amándonos como siempre lo hicimos.

Poema IX

En la cima del Everest, en lo más profundo del océano Pacifico,

En lo más recóndito de la amazona brasileña, o del Sahara occidental,

Hasta allí iría por ti, si al saber que al final encontraría tu corazón,

Un corazón que otros han lastimado, y que no supieron valorar,

Muchos erróneos tuviste que pasar, antes de encontrar al idóneo,

Porque en un mundo de números y letras, de ingeniería y literatura,

Tu eres esa constante algebraica, en

esta vida llena de infinitas variables,

Tu eres esa fórmula cuadrática, que

da solución a todos mis problemas,

La que nunca me deja caer, la que

me llena de alegría y regocijo,

Al decir que estás orgullosa de mí,

La que quizás muchos vean como

básica o simple,

Logro robar mi corazón, y adueñarse

de mi mente y mi corazón,

Para siempre quedarse en mí,

Y como el rocío en las plantas al

amanecer, como los pétalos de las

flores,

Como las hojas de los arbustos,

como la sangre en tus venas,

Así soy tuyo, y jamás irme quisiera

ni, aunque la muerte nos separase,

En otra vida o en otra dimensión, de

ti me volvería a enamorar.

Si llegase el día, en que ya no estés,

no me quedara más que seguir ade-

lante, ensimismado en la rutina, el

trabajo y los libros, llorando en si-

lencio por las noches, con las luces

apagadas, pensando en todo lo que

pudo ser y no fue, y al mismo tiempo

recordando, todos y cada uno de los

momentos hermosos: recordando

cada abrazo, cada despedida en la

estación del metro, cada beso, cada caricia. Aun cuando jamás de tus labios escuché un te quiero; tu mirada y tus abrazos decían más, que mil palabras en papel, o que los poemas de este libro. Me quedo para siempre con el recuerdo de tu lenguaje del amor, mientras tú te quedas con un pedacito de mi corazón. Lo que hagas con él, ya es cosa tuya, solo ten presente, que siempre te quise bien y sin condiciones.

Poema X

Un te quiero, es todo lo

que quisiera decirte,

Un me gustas, eres im-

portante para mí,

Aunque sé que no quieres escu-

charlo,

Pues decidiste solo que seamos ami-

gos,

Mas no puedo; ni quiero,

Matar esto que siento, y que va en

aumento cada día,

Quizás para ti la distancia sea el ol-

vido,

No obstante, para mi es el deseo, la

nostalgia,

De lo que fue, y de lo que pudiese

ser,

Si tan solo escuchara un "si "de tus

labios,

Aquellos labios que muero por besar,

Y que quizás solo tenga en mis sue-

ños,

Y aun así soy feliz, aunque fuere solo

en sueños;

Quizás no lo notes, o prefieras igno-

rarlo,

Me enamoro más de ti, aunque ha-

yas tomado un barco,

Y decidido navegar en otro rumbo,

Mientras yo me tiro al agua, y nado

contra la corriente,

Para llegar a ti, y finalmente abra-

zarte,

Y decirte cuanto estoy enamorado de

ti,

Aunque todo fuese solo el más her-

moso de los sueños, no me despier-

tes,

Pues solo estos sueños los que me

mantienen cada día,

Y con la esperanza, de algún día po-

der decirte,

Lo mucho que te amo.

Poema XI

Las canciones en la radio,
los personajes en las series
de televisión,

Las anécdotas o los chistes en las

comedias románticas, todo me re-

cuerda a ti,

No hay mujer, ni en la realidad ni en

la ficción,

Que haya yo conocido igual a ti,

Que, con tan solo decirme, que todo

estará bien,

Me hace sentir mejor, que me ayuda

a ver los problemas desde otra

arista,

Y que, con tu cariño, me deslumbra

por completo,

Que no daría yo por tan siquiera 5

minutos de tu amor,

Beber el agua de manantial que para

mí supone,

Que ha de ser un beso tuyo,

Muero yo por escuchar, todo cuanto

tengas que decir,

Sea bueno o malo, lo quiero escu-

char,

Pues amo cuando hablas, y muero

cuando callas,

Amo cuando te duermes por las no-

ches,

Y amo aún más levantarme en las

mañanas y ver un mensaje tuyo,

Y te amo a ti más, cada vez que re-

viso las notificaciones en mi teléfono,

Y hay un mensaje tuyo, aunque

fuese solo un emoticón,

Para mi supone el cielo, pues de tan-

tos hombres con los que podrías ha-

blar,

De tantos a quien pudiste abrirle

una pequeña parte de tu corazón,

Me escogiste a mí, a este pobre infe-

liz,

Que escribe desde el silencio, pi-

diendo a gritos un poquito de tu

amor.

Supe que el amor por ti era verdadero, cuando vi que la distancia y el tiempo, mantuvieron intacto el sentimiento. Supe que era amor verdadero, cuando te vi en brazos de otro hombre, y aun cuando me dolió tal escena, casi que caricaturesca, entendí que tu felicidad siempre estuvo por encima de la mía. Supe que era amor verdadero, al estar yo en brazos de otra mujer, y solo imaginarte a ti, aun sabiéndote acurrucada en otro lecho.

Fue entonces que entendí eso llamado amor, que es capaz de soltar en lugar de atar. Fue entonces que entendí que te extraño, cuando es-

taba de lo más tranquilo y alegre, y

de la nada, vino a mi mente tu re-

cuerdo, tu risa por mis chistes sin

sentido, o tu mirada al seducirme

por las tardes. Supe que era amor

verdadero, cuando finalmente en-

tendí, que no estoy triste porque te

extraño, más bien estoy feliz de que

te fuiste, y aun así, te extraño. Y si

te extraño en medio de esa alegría

que siento, es porque nunca he de-

jado de amarte.

Poema XII

Caminando por la calle,

pensando en la nada,

Y de repente te vi, del

otro lado de la calle,

hermosa como siempre, con tus

trenzas veraniegas,

Tan dulce y angelical, mirando tu ce-

lular.

Y mi corazón empezó a palpitar a mil

por hora,

Y mis ojos se llenaron de emoción,

Y sonreí, fue una alegría indescripti-

ble,

Cada vez que te veo, fue el destino

quizás,

Que nos encontrásemos, pese a mu-

chas veces

Estar tan cerca y a la vez tan lejos,

Es como si la vida me diera un men-

saje,

Que, si en un momento dado toma-

mos caminos separados,

Al final nos encontraremos, y estare-

mos juntos.

Y seré tu amigo, tu confidente, tu

eterno enamorado,

Frio y cortante como la nieve en

Alaska sin ti,

Caliente y afable como un verano en

Bermudas contigo,

Para darte todo mi cariño, y lo mejor

de mí,

Siempre a tu lado, para ser completa

y enteramente tuyo.

Poema XIII

Hoy me desperté, y pensé en las cosas que amo de ti,

Amo cuando ríes, amo cuando hablas,

Amo cuando exiges saber la verdad,

amo cuando detectas las mentiras,

Amo cuando callas, y amo cuando me miras,

Amo cuando dices que tienes la razón, aun cuando no la tienes,

Y amo la forma en que amas tú,

Amo tus labios, amo tus manos,

Amo cuando tienes detalles conmigo,

Y amo cuando me escribes,

Amo tus notas de voz, y amo tus fo-
tos,

Amo lo que piensas, y amo lo que
sueñas,

Amo cuando caminas, amo cuando
juegas,

Hasta amo cuando te enojas conmigo,

Porque sé que te enojas porque me
quieres,

Amo tus gestos y tú siempre analí-
tica mente,

Amo tu falta de memoria, y hasta
amo cuando duermes,

Amo cuando estás despierta, y amo

cuando te acuestas,

Amo lo que amas, y cada día que

pasa, te amo más a ti.

Poema XIV

Caminando entre sombras, en medio de la noche,

Pensando estoy, en las cosas que hice y dejé de hacer,

En que pude haber evitado mentirte y no lo hice,

En que no hay mujer mejor que tú,

Y que, si llegaste a mi vida, fue por algo,

Para darme lecciones de vida, y hacerme mejor persona,

Y con franqueza total, puedo decir,

Que soy mejor de lo que alguna vez

soñé con ser,

Y lo que alguna vez fui, ya no será, y

no te pido que me perdones,

Pues sé que en tu mundo no hay

perdón para mi falta,

Y que mi amor habrá de ser poca

cosa, números negativos para ti,

Pero es tan fuerte lo que siento, que

del alma me salen los versos,

Versos de dolor y melancolía, por no

poder tomar tu mano ni abrazarte,

Ni decirte cuanto te me duele no es-

tar contigo,

Y en el fondo de mi corazón, aunque

sé que es improbable,

No pierdo la esperanza, que quizás

volvamos a nacer,

Y te volvería a encontrar,

Evitaría cualquier sufrimiento para

ti, y te amaría tanto o más,

De lo que hoy ya te estoy amando.

Dame un poco más de tiempo, para

olvidar que te quiero, dame un poco

más de tiempo, para borrarte de mi

mente y de mi corazón, pero no me

pidas tiempo, para olvidar lo que

juntos vivimos, todos y cada uno de

esos recuerdos, los llevo en mi cora-

zón, por si algún día nos volvemos a

encontrar, así sea en otra vida, Sabré que mi amor por ti, fue tan inmenso como las estrellas en el firmamento, y juntos podremos construir más y mejores recuerdos, viajar a un mundo nuevo, donde no haya tristeza ni aflicción, donde un abrazo tuyo es siempre la solución a todo, y donde pueda amarte sin importar el qué dirán de la gente.

Poema XV

Por cosa del destino quizás,

cada personaje de mis li-

bros,

Tienen algo tuyo, aun cuando son li-

bros

Que escribí mucho antes de antes de

conocerte,

Es como si el destino ya me avisaba,

Que algún día conocería a alguien

como tú,

Y que algún día sería feliz,

Y que algún día, alguien le gustara

tal cual soy,

Y por eso no vacilo,

Al decir que, si me pusieran a elegir,

Entre tú y diez mil mujeres, te esco-

gería a ti,

Y diez mil veces a tu, pues ninguna

es como tú,

Que, en mis sueños, aun sin cono-

certe, ya te quería,

Y es por eso, que, al conocerte,

quede prendado de ti,

Pues fuiste, eres y serás, tal como te

había concebido en mi imaginación,

Y tal como te había soñado, y la vive

prueba eres,

Que los sueños se hacen realidad,

Para aquellos que nunca pierden la

fe,

De encontrar el verdadero amor,

Como lo he encontrado hoy yo en ti.

Poema XVI

Ni los claveles, no los girasoles,

Ni las rosas, ni las azucenas,

Son comparables, con la dulce fragancia,

Que siento al tenerte cerca de mí,

Para verte, aunque fuese solo cinco minutos,

Daria lo que fuera, pues, aunque increíble parezca,

Cinco minutos contigo, son como

cinco mil años de risas,

De chistes malos, y de doble sentido,

Y aun en mi lecho de muerte, si tu-

viese la oportunidad,

De viajar en el tiempo, te volvería a

conocer,

Volvería a ese día, exactamente a esa

hora,

Cuando respondí a tu historia, de

hace un año y medio atrás,

Y te volvería a escribir, te volvería a

hablar, haría todo lo que hice,

Todo excepto una cosa, no te menti-

ría. Porque esa mentira,

Aun cuando fue para impresionarte,

es la que hoy no me deja vivir,

La que me carcome por dentro,

como la polilla a la madera, como el

óxido al metal.

Y me duele más de lo que crees, por-

que después de eso me di cuenta,

Que lo que siento por ti es más

grande e intenso de lo que yo imagi-

naba,

Y que mis temores e inseguridades

fueron los que me alejaron de ti,

Y hoy mi amor es cada vez más

grande, tan grande que en el pecho

no me cabe,

Y si he de vivir sin ti, al menos

guardo, como mi ms grande tesoro,

El amor que hoy siento por ti....

Si te viera a los ojos, aun estando
tan cerca, no pudiera yo evitar, expresarte lo que siento,
aun sin articular palabra alguna, solo con sentir tu pre-
sencia, cada parte de mi ser
tiembla, e imagina estar en la
cima del mundo, tomando tu
mano, contemplando todo,
mientras escucho tu voz, con-
templo tu sonrisa, y te escribo
una canción, melodía que me
hace recordar, lo inmensamente feliz que soy contigo, y
dedicártela cada mañana,
hasta el fin de mis días, y aun

así no sería suficiente, para expresar lo que siento, lo que fui y lo que soy, gracias al haberte conocido, y lo que aspiro a ser, si tan solo tuviera la certeza, que podré estar contigo lo que de vida nos reste, para decirte que te quiero cada día, y sacarte todos los días una sonrisa, nunca dar por sentado el sentimiento, de esto que me han contado que existe, y es ese algo llamado amor.

Poema XVII

No vale la pena, mirar al pasado,

Si mi presente eres tú, si mi futuro pudiera ser tú,

Y con tan solo un sí de tus labios bastaría,

Para llevarme al cielo, para ver el paraíso,

Y deleitarme en cada momento,

Cada vez que a los ojos te miro,

Y cada vez que tomo tu mano, como quien no quiere la cosa,

Pero si lo quiero más que nada,

Ser tu novio, tu esposo, tu amante y

tu amigo,

En quien más confíes, pues soy

aquel,

Aquel que ve doramas por ti, y le

gusta,

Aquel que disfruta cuando te duer-

mes en medio de las conversaciones,

Aquel que vive y ríe con tus chistes

malos o bromas negras,

Aquel que comparte y siente mucho

de lo que piensas o sientes,

Soy aquel que solo vive para pensar

en ti, en cada momento,

Al trabajar, al comer, al dormir, al

escribir,

Soy aquel, que daría todo cuanto
tengo,

Y hasta aquello que no poseo, con
tal de hacerte feliz,

Soy aquel, que muere por amarte
con locura,

Y dedicarte mis amaneceres, regalarte mis atardeceres,

Y acurrucarme en tu regazo, hasta el
final de mi vida.

Bórrame de tu memoria, si nada fui
para ti, haz de cuenta que el amor
que sentí por ti no fue más que una
pantomima, aunque el fondo de tu
corazón sabrás que mientes, mas no

te queda más remedio, que mentirte
a ti misma, para así mentirle al
mundo, y decir que nada fui para ti.
Pero solo tú y yo sabremos la verdad, que fuiste y eres, mi más
grande amor, que las cosas que antes nos unían, hoy nos han sepa-
rado, por capricho o insensatez. Yo
al mundo he de venderle, la mejor
versión de mí, que todo estuvo y está
bien, que al final nada fue. Qué bo-
nito fue en su día, y que ahora sigo
adelante, más en el fondo ambos sa-
bemos, que no habrá nadie que te
quiera más que yo, que te dedique
sus amaneceres al despertar, que se

emocione al escuchar tu voz, que te escuche atentamente, aun en tus peores días. Podrás borrarme de tu mente, llevarme al límite del contacto cero, pero lo que jamás podrás hacer, es borrarme de tu corazón, porque bien sabes que mi amor, por ti siempre fue y será verdadero.

Poema XVII

Mis temores, se apoderan de mí, con tan
solo pensar,

Que pudiese yo perderte, y es que,

en este tiempo,

En la distancia si estuviera, un nudo

en la garganta siento,

Cuando estoy lejos de ti, o si sé que

estas molesta conmigo,

Y muero de celos, al imaginarte es-

tando con otro,

Que mi corazón se achurra, cual

hoja de papel al basurero,

Que gritar quisiera, a los cuatro

vientos lo que siento,

Que eres la más hermosa, para mí.

Y si la vida me diese una oportuni-

dad,

De escoger entre tu o todo el éxito y

dinero,

Te escogería a ti, pues sé que, a tu

lado,

Dándome los buenos consejos que

me das, puedo llegar lejos,

Pues junto a un buen hombre, siem-

pre ha una buena mujer,

Y esa buena mujer eres tú,

Y si, nunca había conocido alguien

como tú,

La excepción fuiste, eres y será
siempre tú,

Que sin mucho esfuerzo y en poquito tiempo,

Me enamoro por completo, y si, con-
siente también soy que lo arruine en
el pasado,

No obstante, de los errores se
aprende. Y ese error me hizo darme
cuenta,

De cuan enamorado estoy yo de ti, y
no seré lo que antes fui,

Sino lo que puedo llegar a ser, no
con palabras, sino con hechos.

No me digas que me quieres, que me
extrañas o que vivir sin mí no puedes, cuanto tus actos dicen otra
cosa, en lugar de palabras vacías,
déjame sentir tu piel sobre la mía,
permíteme fundirnos en un beso, al
filo del andén del tren, mírame por la
ventana mientras te alejas, y así sabré lo que en verdad sientes, pues
solo una despedida y la distancia re-
velan los verdaderos sentimientos
hacia una persona. Y cuando quie-
ras verme o estar conmigo, no escri-
bas ni llames, solo ven a donde estoy. Si es amor de verdad, tu corazón
será la brújula que usaras de guía

para encontrarme. Y una vez que

nos hayamos encontrado, sabré que

es amor de verdad lo que sientes por

mí, y así no habrá dudas, de que es-

taremos juntos para siempre.

Poema XIX

De mis sueños y mis pensamientos,

Te imagino solo a ti,

vestida de blanco,

De pureza, y virginal como tu alma y

corazón,

Que amo con fuerza e intensidad al-

guna vez,

Y hoy quisiera yo que me amase,

Que entendieras la diferencia qui-

siera yo,

Entre un me gustas y un te amo,

Cuando algo te gusta, quieres llevár-

telo y no compartirlo con nadie,

Cuando amas a algo, lo cuidas y rie-
gas cual flor de loto,

Entiendes y aceptas su hermosura,

Y que su belleza y amor quizás no
pueda ser solo para mí,

Y si me aferro a ti, no es por mera
atracción,

Sino porque mi corazón es terco, y la
emoción me embarga,

Del haberte conocido, y si hoy me
despertara, y fuese aquel día,

A las 10:48 pm, y me diera cuenta
de que todo fue un sueño,

De la melancolía moriría, y me acos-
taría a dormir,

Para retomar ese sueño, en el que

quizás no esté a tu lado,

Pero en el que aún me hablas, y la

diferencia seria,

Que te amaría aún más, en la reali-

dad que en mis sueños.

Poema XX

Me pregunta, ¿Qué busco? ¿Como me siento?

Y la respuesta es, un camino. No importa si es largo o corto,

Si me ha de tomar tres minutos o tres mil años,

Si sé que al final del túnel estarás tú,

Y si sé que ese camino, a tu corazón ha de llevarme,

Aquel corazón invaluable, y que solo quisiera preservar,

Como el tesoro más preciado del

mundo,

Y enamorarte quisiera, en prosa y en

verso,

Con hechos lo demostraría, lo que

por ti siento,

Un amor que, hasta hace poco, des-

conocido para mí era,

Y que hoy me llena, cual agua a la

tinaja,

Con cortas palabras, pero que de mi

alma vienen,

Amarte toda entera, hasta el fin de

mis días,

Amanecer a tu lado, y decirte que te

amo,

Cual amor imposible de medir, tan
grande que me ha cambiado,

Y hoy un hombre nuevo soy, con la
firme contrición,

De nunca más mentirte, pues me
duele más que nada,

Cada vez que a mi mente viene, y
duele tanto en mí,

Pues descubrí que le falle, a la persona de la cual estoy,

Perdida y locamente enamorado.

Poema XXI

Como los envidio, a todos

ellos,

Aquellos que alguna vez,

lograron besarte,

Aun no siendo dignos de ti, como los

envidio,

Pues mientras yo muero por tan si-

guiera una mirada tuya,

A ellos les diste alma, vida y cora-

zón.

Y por eso hoy, me desvivo por ha-

certe feliz,

Aun cuando tu corazón no sea mío,

lo cuido y protejo,

Como cerbero a la puerta del reino

de hades,

Y es precisamente, en ese infierno

donde estoy,

Sin tu amor, y solo tú puedes sa-

carme de él,

Con tan solo una mirada, bastaría

para liberarme,

De las noches y los días, de las pala-

bras y frases vacías,

Carente de esencia y sustancia,

Pues en ti y contigo, todo tiene sen-

tido,

Y con tan solo la idea, de llegar

hasta tu lecho,

Y volver a nacer, y ser todo para ti,

Que, si mis palabras fueren suficien-

tes, el más feliz de los hombres se-

ria,

Con tan solo encontrarte, y fundir-

nos en el más tierno abrazo.

Poema XXII

Cuento los segundos, las horas, los días,

Las semanas, los meses,

Los años, los lustros, las décadas,

Hasta que llegue, el día en que

pueda estar contigo,

O que simplemente, mi superflua

vida llegue a su fin,

Una vida llena de vacío, sin identi-

dad, sin ti,

Con el dolor de haberte fallado, y de

jamás haber obtenido tu amor,

Y vive en mí, el amor que siento por

ti, más fuerte que el dolor,

De estar lejos de ti,

Con el alma encadenada, preso en

mi propia verdad,

Esa misma que pensé que me haría

libre, no obstante, me castiga,

La verdad de alguna vez haberte

mentido, la verdad de amarte como

te amo hoy,

La verdad de hoy no estar contigo,

pero con la esperanza,

Que algún día, nuestras almas se

encuentren,

Y es ahí donde desde el silencio,

grito tu nombre,

Grito cual niño recién nacido, por-

que eso significó para mí,

El haberte conocido, el volver a na-

cer,

El haberme enamorado de ti, lo me-

jor de mi vida, y pese a no tenerte,

Soy tan feliz, por haber descubierto,

una nueva forma de amar....

En medio de una noche de

mayo, una fuerte lluvia cae, y yo solo

puedo mirar hacia mi ventana,

mientras estoy acostado, abrazo mi

almohada, e imagino que eres tú,

quien se funde entre mis brazos, a

quien beso en el cuello, mientras te

susurro al oído, lo feliz que soy de

estar contigo, y lo mucho que le pido

a Dios, que nunca te vayas de mi

lado. Y que, si has de irte, que borre
de mi memoria todo vestigio de recuerdo tuyo, ya que una vida sin tu
amor, después de haberlo conocido,
ya ningún sentido tendría para mí.

Y si amarte es mi delirio, la
inspiración de mis versos, mi razón
de estar en esta tierra, hasta eso es-
taría dispuesto a ceder, con tal de
irme contigo, donde el tiempo no co-
rra, si no es con tus labios, a tierras
desconocidas, donde florezcan solo
rosas rojas y blancas, y a o lo lejos
divisar, vestida de blanco, esperando
por mí, y abrazarte tan fuerte, que
jamás soltarte quisiera, sentir tu

aroma, y acostarnos sobre la hierba,
mirar hacia el cielo, mientras estas
acurrucada entre mis brazos, con-
tándonos todo, y a la vez nada, porque nada más que tú, es importante
para mí.

———

Poema XXIII

Sombras a mi alrededor,

solo eso veo

Cuando me faltas tú, me

falta el aire,

Y mi corazón se detiene, si tú no es-

tás,

Mis recuerdos, ahora son contigo,

Ahora contigo, el mundo es distingo,

Mañana contigo, será mejor que hoy,

Será un mañana para reír, para so-

ñar,

Para amarte, para serte sincero

siempre,

Para contarte todo, para escucharte,

Mañana contigo, amándote hoy un
poquito más que ayer,

Y mañana un poco más que hoy,

Que los adjetivos parecen no aca-
barse,

Para expresar la cualidad del sus-
tantivo, que supone lo que siento por
ti,

Y que me faltarían números, si de
cuantificarse se tratara,

Por cuanto es imposible de medir,

todo lo que siento por ti,

Y mi amor tan grande, como el vasto
universo,

Que siento que hay muchos mundos
por descubrir,

Muchas cosas por aprender, pero

solo hay uno que me interesa con-

quistar,

Y ese es precisamente, ese mundo

mágico tuyo.

Poema XXIV

Ese soy yo, y aunque no me ves,

Estoy ahí siempre para ti, pues soy aquel,

Aquel capaz de caminar bajo un sol incesante,

Bajo una lluvia torrencial, solo por ti,

Capaz de cruzar el rio San Juan, o el tapón del Darién,

Solo por ti,

Aquel que dejó de odiar las sorpresas, por ti

Pues me enseñaste que las sorpresas

también podían ser buenas,

Soy aquel, que, aunque no tiene tu

corazón, se desvive, sueña y vive por

ti,

Soy aquel tonto que alguna vez te

mintió, con la tonta idea de impre-

sionarte,

Y que pedía una oportunidad,

cuando ya la tenía en sus narices,

Soy aquel, que ahora te ama con lo-

cura, que sufre cuando no estas,

Que esta triste cuando tu estas

triste, pero que también está feliz si

tú estás feliz,

Soy aquel, que celebra tus triunfos,

que te acompaña y te da fortaleza en

tus fracasos,

Soy, el que se siente orgulloso con

cada logro tuyo, aunque fuere

grande o pequeño,

Para mí siempre es grande e impor-

tante,

Y soy aquel, que se muere por ha-

certe feliz, por acompañarte a todas

partes,

El que su silencio es ensordecedor, y

que, en medio de ese silencio,

Te hace una pregunta, ¿te gustaría

ser el amor de mi vida?

Poema XXV

En tus brazos puedo ser,

como un animalito sin

refugio,

Buscando cobijo en tu regazo, me

imagino algún día,

Que mi amor te llene, todo entera

Al estar a tu lado, de mí se apoderan

los nervios,

De tantas cosas que quisiera decir,

que no encuentro las palabras,

Y si te dijera que te amo, quizás no

lo creerías,

Porque a pesar del tiempo, que para

ti fuese poco,

En mí, son como miles de años,

Siento una sensación que invade

cada parte de mi cuerpo,

Al punto que no puedo dormir,

Esa sensación, difícil de describir, se

llama amor,

Amor que, en tan poco tiempo de ha-
blarte,

Tan grande es que en el pecho no me

cabe,

Que solo sabe desvivirse por ti, todo

mi ser

Lo que soy hoy, lo que represento, es

por ti.

Todos estos poemas, son por ti y

para ti,

Cada palabra, cada coma, cada ora-

ción, cada punto y seguido

Mi dulce y encantadora musa son

por ti,

Y llego allí, al confín de la tierra, a

un lugar inexplorado,

Por ti. Para estar contigo, para

amarte tal como eres,

Para hacerte la mujer más feliz del

mundo,

Y aunque me faltara el tiempo, para

poder demostrártelo,

Aprovecharía estas líneas, para de-

círtelo,

Por si no hay mañana para mí, para

ti, o para nosotros,

Mis últimas palabras habrían de ser,

Un te amo inmensamente...

No apagues la luz, quiero verte a los ojos mientras tu alma y la mía se encienden, y nuestros cuerpos se funden en la llama del amor. Deja que sea la luna y las estrellas, testigos de nuestro amor que, en cada caricia la pasión de acabar en tu regazo me embriague por completo. Y una vez dentro de ti, solo escuche tu aliento decir que nunca pare, toda esta vorágine de emociones, y que tu cabello sobre mi pecho impregne tu aroma sobre mi piel, y que nunca borre de mi cuerpo, ese sabor a ti, porque tuyo he sido esta noche, y siempre seré, todas las noches venideras. Por más que intentaras borrarme de tu piel, por más que intentaras conocer otros cuerpos, mía fuiste esta noche, y siempre serás.

Miles de palabras hermosas pudiera yo decir, miles de versos pudiera yo escribir, que me hicieran llegar al lecho de cualquier mujer, pero ninguna comparable a ti, cual ímpetu en desproporción, solo para amarte viviera, y si tuviera yo que conformarme con los brazos de otra, por las noches te imaginaria, te dibujaría en mis pensamientos, te pintaría con el carmesí de la sangre en mis venas, para tenerte tan cerca, y así vivir feliz, sabiendo que estamos juntos, aun cuando es solo producto del imaginario, prefiero eso mil veces, a entregarme a otro cuerpo, que no es siquiera comparable, al retrato figurado, ni a tus besos ni a tu aroma. Pudiera bien vivir lejos del paraíso, que supone para mí sólo verte, más aquello no pudiera ser considerado vida, más bien el vestíbulo, hacia toda una eternidad en el purgatorio.

Jorge Morales-Franceschi

Nace en la ciudad de Panamá, la tarde del martes 11 de junio de 1991. Cursó estudios de bachiller en ciencias en el prestigioso instituto José Dolores Moscote. Siempre se destacó como alumno ejemplar. Posteriormente ingresa a la universidad tecnológica de Panamá a cursar estudios de ingeniería civil.

Comenzó a escribir a la edad de 14 años algunos poemas y pensamientos.

El ensayo y la poesía siempre habían sido su predilección a lo largo de su adolescencia.

El 24 de diciembre del 2014 a las seis de la tarde, anuncia a través de sus redes sociales la publicación (de manera independiente) de su libro "A Quien Ama Las Emociones", un completo giro de ciento ochenta grados en su carrera como poeta y ensayista, pues incursiona en el género "cuentos" con esta obra; se trata de cinco historias donde predominan el amor, la fantasía, el suspenso, el romance, pero sobre todo la crítica hacia una sociedad y un sistema claramente en decadencia.

Adicionalmente, tiene un blog donde periódicamente publica artículos de opinión y ensayos sobre diversos temas de cultura general, así como algunos fragmentos más destacados de sus obras.

Seguido están, su primera novela "Un Inmigrante en tu corazón", que narra como el amor puede ser mucho más fuerte que las vicisitudes de la vida y el poemario "Te enamorarías de mí", su primer libro de poemas, que también incluye el cuento "Memorias de un amor en tiempos modernos". Con estas obras, consolida su versatilidad dentro del mundo literario contemporáneo.

Jorge Morales-Franceschi

Redes sociales del autor

X: @jorgemf1106

Blog: http://jorgemorales-franceschi.blogspot.com/

Facebook: Jorge Morales-Franceschi

Goodreads: Jorge Morales-Franceschi

Correo electrónico: Jorge.moralesfranceschi@gmail.com

Instagram: Jorge_0611

Jorge Morales-Franceschi

Obras publicadas

-Pensamiento y Filosofía (Ensayo) *descatalogado*

-A Quien Ama Las Emociones (cuentos)

-Un Inmigrante En Tu Corazón (Novela)

-Te enamorarías de mi (poemas)

-Te enamorarías de mi (edición especial)

-El Amanecer Injusto

-A Quien Ama Las Emociones II

-Desde Mi Blog

-Veinticinco Poemas de Amor